Marc Nippert

Optimierung der Steuerung einer strategischen IT-Outsourcing-Partnerschaft durch den
kombinierten Einsatz von ITIL® und COBIT®

GRIN - Verlag für akademische Texte

Der GRIN Verlag mit Sitz in München hat sich seit der Gründung im Jahr 1998 auf die Veröffentlichung akademischer Texte spezialisiert.

Die Verlagswebseite www.grin.com ist für Studenten, Hochschullehrer und andere Akademiker die ideale Plattform, ihre Fachtexte, Studienarbeiten, Abschlussarbeiten oder Dissertationen einem breiten Publikum zu präsentieren.

Dokument Nr. V159302 aus dem GRIN Verlagsprogramm

Marc Nippert

Optimierung der Steuerung einer strategischen IT-Outsourcing-Partnerschaft durch den kombinierten Einsatz von ITIL® und COBIT®

GRIN Verlag

Bibliografische Information der Deutschen Nationalbibliothek: Die Deutsche Bibliothek verzeichnet diese Publikation in der Deutschen Nationalbibliografie; detaillierte bibliografische Daten sind im Internet über http://dnb.d-nb.de/ abrufbar.

1. Auflage 2010
Copyright © 2010 GRIN Verlag
http://www.grin.com/
Druck und Bindung: Books on Demand GmbH, Norderstedt Germany
ISBN 978-3-640-72368-3

Hochschule für Wirtschaft und Recht

Fachbereich 1

Wirtschaftsinformatik – Bachelor of Science

- Bachelor Thesis -

Optimierung der Steuerung einer strategischen IT-Outsourcing-Partnerschaft durch den kombinierten Einsatz von ITIL und COBIT

Berlin, 27.09.2010

Verfasser: Marc Nippert

Inhaltsverzeichnis

1 Einleitung

1.1 Wahl der Themenstellung

Die Bedeutung des IT-Outsourcings hat in den letzten Jahren zugenommen. Die IT hat einen nachhaltigen Reifegrad erreicht, so dass nur noch wenige Bereiche einen substantiellen Wettbewerbsvorteil bieten. Die fortschreitende Standardisierung und Industrialisierung der IT sind Auslöser für diesen Trend. Die IT wird zur Commodity.[1]

Diese Entwicklung führt zu einer intensiveren Nutzung der IT-Outsourcing-Option in den Unternehmen. Bedingt durch den steigenden Leistungsumfang der IT-Outsourcing-Beziehungen werden die Anforderungen an das Management immer komplexer. Daher müssen geeignete Strukturen und Prozesse etabliert werden, um die strategischen Vorteile in Kosten und Qualität zu realisieren. Ein wichtiger Erfolgsfaktor bei der Realisierung einer IT-Sourcing-Strategie ist die erfolgreiche Steuerung der Beziehung mit den IT-Dienstleistern.

Die Best Practice Frameworks ITIL und COBIT sind den meisten Unternehmen bekannt. ITIL zielt vor allem auf eine Verbesserung der Servicequalität, wobei COBIT dagegen die Umsetzung der IT-Governance forciert. Die ITIL hat sich als der Quasi-Standard im IT Service Management und COBIT als der Quasi-Standard für IT-Governance etabliert.

In dieser Arbeit wird untersucht, inwieweit die Best Practice Frameworks ITIL und COBIT die Umsetzung einer effektiven Steuerung einer IT-Outsourcing-Beziehung unterstützen und verbessern können.

---

[1] Vgl. Walter (2007), Seite 6

1.2 Zielsetzung und Problemstellung

Die Unternehmen sind mit vielen Problemen und Herausforderungen in IT-Outsourcing-Beziehungen konfrontiert. Die bestehenden Risiken müssen gemanagt werden und die Anforderungen der Geschäftsbereiche müssen durch die IT-Leistungen unterstützt werden. Dabei sollten die Unternehmen auf den Einsatz einer IT-Sourcing-Governance setzen. Das erste Ziel dieser Arbeit lautet wie folgt:

> *Können die Herausforderungen bei der Steuerung einer IT-Outsourcing-Beziehung durch eine konsequent umgesetzte IT-Sourcing-Governance gemeistert werden?*

Die Referenzmodelle ITIL und COBIT sind die anerkannten Quasi-Standards für IT-Service Management und IT-Governance. Sie sollen eine optimale Unterstützung der Geschäftsbereiche gewährleisten. Daher lautet die zweite Fragestellung:

> *Unterstützen ITIL oder COBIT die Umsetzung einer IT-Sourcing-Governance?*

ITIL und COBIT haben unterschiedliche Zielsetzungen und fokussieren sich auf unterschiedliche Schwerpunkte. Das führt zu folgender Überlegung:

> *Generiert der kombinierte Einsatz von ITIL und COBIT einen zusätzlichen Mehrwert bei der Umsetzung einer IT-Sourcing-Governance?*

1.3 Vorgehensweise

Zunächst werden in Kapitel 2 die theoretischen Grundlagen dargestellt. Die Referenzmodelle ITIL und COBIT werden vorgestellt und der Themenbereich IT-Outsourcing wird abgegrenzt. Im weiteren Verlauf der Arbeit werden die Herausforderungen identifiziert, mit denen eine IT-Outsourcing-Beziehung konfrontiert ist. Es wird eine allgemein verwendbare Struktur der IT-Sourcing-Governance vorgestellt, die eine effektive Steuerung der Beziehung gewährleisten soll. In Kapitel 4 wird untersucht, wie die Umsetzung der IT-Sourcing-Governance mit den Referenzmodellen ITIL und COBIT unterstützt werden kann und wo Defizite auftreten. Diese Ergebnisse werden in Kapitel 5 betrachtet und bewertet, ob die identifizierten Defizite durch den gemeinsamen Einsatz von ITIL und COBIT beseitigt werden können.

2 Grundlagen

In diesem Kapitel werden zunächst die Grundlagen geklärt, welche die Basis für die weitergehenden Untersuchungen darstellen. Im ersten Schritt wird der Begriff IT-Outsourcing abgegrenzt. Darauf folgend werden die Best Practice Referenzmodelle ITIL v2 und COBIT 4.0 vorgestellt. Die Versionsstände der Referenzmodelle wurden bewusst gewählt. Die ITIL v3 ist laut einer Studie der Materna GmbH in den meisten Unternehmen noch nicht angekommen. In den meisten Fällen sind die etablierten Prozesse aus der ITIL v2 implementiert, aber die Neuerungen aus der Version 3 werden in der Praxis noch kaum berücksichtigt.[2] Um eine praxisnahe Verwendung der Ergebnisse der Arbeit zu ermöglichen, wurde bewusst die ITIL v2 verwendet.

2.1 IT-Outsourcing

2.1.1 Outsourcing allgemein

Der Begriff Outsourcing ist in den späten 80er Jahren entstanden. Es ist eine Kombination aus den Wörtern *out*side, re*source* und us*ing*. Outsourcing kann als „Nutzung externer Ressourcen" übersetzt werden.[3]

Bei der Thematik Outsourcing steht ein Unternehmen vor der Entscheidung eine Leistung selbst zu erstellen oder sie einzukaufen. Der Vergleich zwischen diesen beiden Optionen wird als Make-or-Buy-Entscheidung bezeichnet. Im Zuge dieser Überlegung wird die Unternehmensleitung mit der Identifizierung der Kernkompetenzen des Unternehmens konfrontiert. Die Kernkompetenzen eines Unternehmens stellen das Differenzierungspotential am Markt dar. Sie sind durch die Konkurrenz nicht imitierbar und leisten einen überdurchschnittlichen Beitrag zum

---

[2] Vgl. Materna GmbH (2009)

[3] Vgl. Schwarz (2005), Seite 15

wahrgenommenen Kundennutzen.[4] Bedingt durch den strategischen Nutzen der Kernkompetenzen für den Unternehmenserfolg sollten sie im Verantwortungsbereich des Unternehmens bleiben. Die Funktionen und Prozesse, die nicht in diesem Bereich fallen, eignen sich potenziell für den Fremdbezug, weil sie von spezialisierten Anbietern meist effektiver und effizienter durchgeführt werden können. Sie sind zwar für das erfolgreiche Wirtschaften des Unternehmens erforderlich, aber bieten kein Differenzierungspotential im Wettbewerb mit anderen Unternehmen auf dem Markt.

In Folge der Konzentration des Unternehmens auf die Kernkompetenzen rücken Funktionen und Prozesse der IT, als potentielle Kandidaten für das Outsourcing, in den Fokus der Unternehmensleitung. Die Auslagerung der Verantwortung von Funktionen und Prozessen der IT-Abteilung an einen externen Dienstleister wird IT-Outsourcing genannt.[5]

2.1.2 Formen des IT-Outsourcings

Das IT-Outsourcing (auch IT-Sourcing genannt) kann durch verschiedene Ausprägungsformen und Varianten unterschieden werden, die nachfolgend kurz dargestellt werden (Abbildung 2-1). Dieser Überblick erhebt keinen Anspruch auf Vollständigkeit. In der Praxis haben sich weitere Begriffe etabliert. Von diversen Beratungshäusern werden aus Marketingzwecken neue Begrifflichkeiten verbreitet, die inhaltlich aber die gleiche Bedeutung haben.[6]

---

[4] Vgl. Schwarz (2005), Seite 21

[5] Vgl. Küchler (2009), Seite 4

[6] Beispielsweise die Begriffe Rightshoring (Capgemini), Anyshoring (Bearingpoint) und Bestshoring (EDS) sind im Wesentlichen mit dem hier verwendeten Begriff des Nearshoring gleichzusetzen.

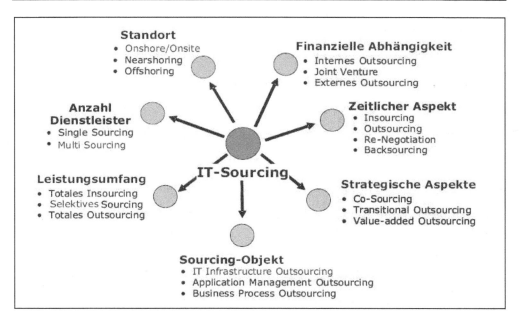

Abbildung 2-1: Formen des IT-Sourcing[7]

Bei der **finanziellen Abhängigkeit** kann eine Differenzierung durch den Besitzanteil des auslagernden Unternehmens am IT-Dienstleister gemacht werden.

Bei einer formalen Ausgliederung der IT-Abteilung kann vom *internen Outsourcing* gesprochen werden. Dabei werden die IT-Leistungen z.B. von einer eigenständigen Tochter erbracht. Dieses Vorgehen kann zur Unterstützung eines zukünftigen Outsourcings genutzt werden. Dadurch wird eine bessere Kostentransparenz der IT-Leistung realisiert und eine Steigerung der Qualität erzielt.[8] Die Struktur des Shared-Service Center kann ebenso als internes Outsourcing betrachtet werden. Hierbei werden bestimmte IT-Leistungen zentral für z.B. mehrere Geschäftsbereiche oder Länder erbracht. Beim internen Outsourcing findet im engeren Sinne kein Fremdbezug von Leistung statt. Eine Zwischenform von internen und externen Outsourcing stellt das *Joint Venture* dar. Dabei besitzt das auslagernde Unternehmen nur einen Teil des entstehenden Unternehmens.

---

[7] Vgl. Schwarze (2005), Seite 12

[8] Vgl. Küchler (2009), Seite 11

Ein Joint Venture kann zwischen dem auslagernden Unternehmen und einem IT-Dienstleister gebildet werden. Es können aber auch mehrere Unternehmen, die eine Auslagerung der IT zum Ziel haben, einen gemeinsamen IT-Dienstleister gründen[9]. Das *externe Outsourcing* ist die klassische Outsourcingform. Die benötigten IT-Leistungen werden von einem unabhängigen IT-Dienstleister erbracht. Die Steuerungs- und Bestimmungsmöglichkeiten für das auslagernde Unternehmen sind zwar geringer, aber dafür können bestimmte Risiken auf den IT-Dienstleister übertragen werden.[10]

Ein weiteres Differenzierungsmerkmal stellt die **Anzahl der Dienstleister** dar, die Leistungen an das auslagernde Unternehmen liefern. Hierbei wird zwischen der Konzentration auf einen einzigen IT-Dienstleister (*Single Sourcing*) und der Verteilung der extern bezogenen IT-Leistungen auf mehrere IT-Dienstleister (*Multi Sourcing*) unterschieden.

Beim **Leistungsumfang** des IT-Outsourcings wird zwischen selektiven Outsourcing und Full-Outsourcing (Totales Outsourcing) unterschieden.

Wenn der IT-Dienstleister (fast) alle IT-Services vom auslagernden Unternehmen übernimmt, wird vom *Full-Outsourcing* gesprochen. Das *selektive Outsourcing* beschreibt die Übernahme nur einzelner Teilleistungen der IT und keiner kompletten Geschäftsprozesse. In diesem Zusammenhang wird auch von Outtasking gesprochen. Beim selektiven Outsourcing wird meist auf mehrere IT-Dienstleister zurückgegriffen (Multi Sourcing).

Eine weitere Abgrenzung beim IT-Outsourcing ist durch die Wahl des **Standorts** möglich. Hierbei wird zwischen Onshore/ Onsite, Nearshoring und Offshoring unterschieden.

Onshore/ Onsite Sourcing bezeichnet das Beziehen externer Leistungen innerhalb des gleichen Landes, in dem das auslagernde Unternehmen tätig

---

[9] Vgl. Schwarze (2005), Seite 12

[10] Vgl. Küchler (2009), Seite 12

ist. Beim *Nearshoring* werden die ausgelagerten Leistungen aus einem Nachbarland bezogen. *Offshoring* wird der Leistungsbezug aus einem weit entfernten Land genannt. Die Offshoring-Leistungen werden vor allem aus Niedriglohnländern bezogen.

Die Unterscheidung nach dem **Sourcing-Objekt** gibt eine weitere Möglichkeit der Differenzierung. Die Sourcing-Objekte beim IT-Outsourcing können in IT-Infrastruktur Outsourcing, Application Management Outsourcing und Business Process Outsourcing (BPO) unterteilt werden.

Zum Bereich *IT-Infrastruktur Outsourcing* gehört die Verwaltung der IT-Komponenten wie Rechenzentren, Server, Drucker, Netzwerke und Clients im Unternehmen. Das *Application Management Outsourcing* beinhaltet die Bereitstellung und Wartung von Anwendungen. Das *Business Process Outsourcing (BPO)* bezeichnet das Auslagern eines gesamten Geschäftsprozesses. Bedingt durch den hohen Grad der partnerschaftlichen Bindung zur Leistungserbringung zwischen dem auslagernden Unternehmen und dem IT-Dienstleister ist es die höchstwertigste Form des Outsourcings.[11]

Anhand der dargestellten Variationsarten und Ausprägungsformen werden die vielfältigen Möglichkeiten des IT-Outsourcings ersichtlich.

2.1.3 Chancen und Risiken

Mit der richtigen IT-Outsourcing-Strategie bietet IT-Outsourcing für das auslagernde Unternehmen die Möglichkeit seine Wettbewerbsposition zu verbessern und freigesetzte Ressourcen zur Optimierung der Kernkompetenzen einzusetzen. Diesen Chancen stehen aber gewisse Risiken gegenüber.

Die Reduktion der Kosten ist das zentrale Ziel der meisten IT-Outsourcing-Strategien. Die **Chance** auf eine nachhaltige Kostenreduktion wird vor

---

[11] Vgl. Küchler (2009), Seite 14

allem durch die Nutzung von Skaleneffekten des IT-Dienstleisters realisiert. Sie sind auf die angebotenen Leistungen spezialisiert und stellen ein hohes Volumina her. Das ermöglicht eine effizientere Nutzung ihrer Ressourcen und einen stetigen Zuwachs an Know-how.[12]

Weitere Kosteneinsparungen lassen sich durch die Variabilisierung von fixen Kosten verwirklichen. Das auslagernde Unternehmen muss weniger Assets, die zur Leistungserstellung notwendig wären, besitzen und zahlt nur für die erbrachten Leistungen des IT-Dienstleisters. Gebundenes Kapital wird freigesetzt und kann in rentablere Geschäftsbereiche investiert werden. Durch flexibel gestaltete Verträge mit dem IT-Dienstleister können Schwankungen in der Nachfrage nach benötigten Leistungen kompensiert werden. Des Weiteren schafft der Bezug von externen Leistungen eine verbesserte Kostentransparenz im Unternehmen und führt zu einem gesteigerten Kostenbewusstsein.[13]

Eine weitere Chance im IT-Outsourcing liegt in der Steigerung der Leistungsqualität. Dies ist vor allem durch die Spezialisierung des IT-Dienstleisters möglich. Außerdem kann ein IT-Dienstleister die nötigen Investitionen in die IT-Infrastruktur, bedingt durch den immer kürzeren Lebenszyklus von ITC-Technologien, besser kompensieren und dadurch die Wettbewerbsfähigkeit der IT steigern. Durch den externen Bezug von IT-Leistungen lassen sich auch Risiken auf den IT-Dienstleister übertragen. Die extern bezogenen Leistungen sind vertraglich fixiert und meist an Strafzahlungen gebunden.

Das Outsourcing von IT-Leistungen ist ein komplexes Unterfangen und birgt auch immense **Risiken** für das auslagernde Unternehmen. Die Abhängigkeit vom IT-Dienstleister wird als Hauptrisiko in einer IT-Outsourcing-Beziehung gesehen. Bedingt durch den Transfer von Asset sowie Prozessen auf den IT-Dienstleister ist ein Backsourcing, also die Zurückintegration der ausgelagerten Leistungen ins Unternehmen, sehr

---

[12] Vgl. Schwarz (2005), Seite 19-20

schwierig.[14] Des Weiteren entstehen finanzielle Nachteile durch eine falsche Kalkulation des Kostensenkungspotentials. Diesbezüglich werden z.B. Transaktionskosten, Kosten für die Schnittstellen zwischen dem IT-Dienstleister und dem auslagernden Unternehmen, sowie die Kosten für das Management und die Steuerung der IT-Outsourcing-Beziehung falsch eingeschätzt. Damit die gewünschten Skaleneffekte beim IT-Dienstleister realisiert werden können und die Kosten nachhaltig gesenkt werden, müssen die bezogenen IT-Leistungen standardisiert werden. Eine Standardisierung der IT-Leistungen kann zur Folge haben, dass gewisse Prozesse oder benötigte Funktionen nicht mehr optimal bedient werden können und die Prozess- und Leistungsqualität sinkt. In vielen Fällen wecken Outsourcing-Pläne im Unternehmen Ängste beim Personal vor Rationalisierungen und Kompetenzbeschneidungen. Dies kann einhergehen mit einem Rückgang der Mitarbeitermotivation.[15]

2.1.4 Strategische Perspektive beim Outsourcing

Der Beschluss eines Unternehmens zur Auslagerung von Leistungen aus seinem Verantwortungsbereich an einen Dienstleister kann eine strategische oder operative Entscheidung sein. Diese Entscheidung sollte die Grundlage für die IT-Outsourcing-Strategie des Unternehmens darstellen.

Nach Hollekamp wird das strategische Outsourcing wie folgt abgegrenzt: „Das Ziel des Strategischen Outsourcings ist die Sicherung des langfristigen Unternehmenserfolgs. Die Unternehmensführung orientiert sich dabei an der Strategie der Geschäftsprozesse, die von der Gesamtunternehmensstrategie abhängt. Sie entscheidet über die Fremdvergabe von Leistungen und leitet, basierend auf den Erkenntnissen der Strategieplanung, ein Konzept für die strukturelle Organisation ab. Der

---

[13] Vgl. Schwarz (2005), Seite 20

[14] Vgl. Schwarze (2005), Seite 10

[15] Vgl. Schwarz (2005), Seite 25

Erfolg des Strategischen Outsourcings misst sich daran, in welchem Grad es zur Sicherung des langfristigen Unternehmenserfolgs beiträgt."[16]

Somit wird das strategische Outsourcing als integraler Bestandteil der Unternehmensstrategie angesehen.

2.2 ITIL Version 2

Die Information Technology Infrastructure Library (ITIL) ist ein Best Practice Framework für die erfolgreiche Umsetzung von IT-Service-Management (ITSM). Sie beschreibt die notwendigen Prozesse und Funktionen, die einen effektiven und effizienten Betrieb sämtlicher IT-Infrastruktur ermöglichen. Bedingt durch die weltweite Verbreitung in IT-Organisationen, gilt ITIL als De-facto-Standard für ITSM.[17]

Die ITIL hat zum Ziel die Geschäftsprozesse der Kunden der IT-Organisation (z.B. interne Fachbereiche oder externe Unternehmen) bestmöglich mit IT-Services zu unterstützen. Dabei kommt es, in erster Linie, nicht auf die eingesetzten Technologien an, sondern dass die gelieferten IT-Services in Qualität und Quantität den Wünschen des Kunden entsprechen. Das Hauptmerkmal der ITIL ist die ausgeprägte Service- und Kundenorientierung. In der ITIL wird eine Referenzinfrastruktur zur Verfügung gestellt, welche die IT-Organisationen individuell an ihre spezifischen Bedingungen anpassen können. Somit müssen IT-Organisationen nicht die kompletten Empfehlungen der ITIL umsetzen um einen Mehrwert zu erzielen. Sie können sich die benötigten Prozesse und Funktionen des Frameworks „rauspicken" und diese an die existierenden Bedingungen in der IT-Organisation anpassen. Durch die starke globale Verbreitung trug die ITIL dazu bei einen gemeinsamen Sprachgebrauch und Bewusstsein für ITSM bei IT-Verantwortlichen zu schaffen. Um die implementierten Prozesse messen und steuern zu können, werden in der

---

[16] Vgl. Hollekamp (2005), Seite 31

[17] Vgl. Materna GmbH (2009)

ITIL Kennzahlen genannt, die sogenannten Key Performance Indicators (KPI).[18]

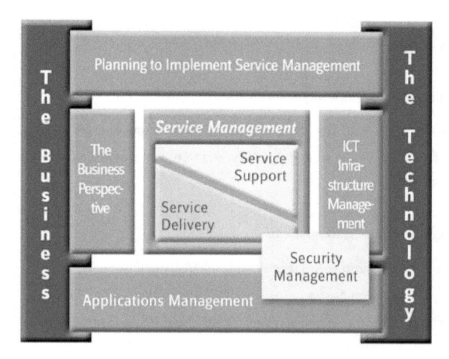

Abbildung 2-2: ITIL-Rahmenstruktur[19]

Die ITIL V2 besteht aus sieben Publikationen, wobei das IT-Service-Management mit den beiden Büchern Service Support und Service Delivery den Kern ausmachen. In der Abbildung 1 ist die Struktur der ITIL ersichtlich. Die Abbildung lässt erkennen, dass das Hauptaugenmerk des Best Practice Framework auf der optimalen Ausrichtung der IT an den Geschäftszielen liegt (IT-Business-Alignment).

Im Weiteren werden die ITIL Hauptbereiche kurz nach Köhler[20] vorgestellt.

---

[18] Die Key Performance Indicators (KPI) sind Kennzahlen zum Messen der Performance eines Prozesses in Bezug auf die Unterstützung der Zielerreichung. Vgl. hierzu Beims (2009), Seite 223

[19] Vgl. Olbrich (2008), Seite 5.

[20] Vgl. Köhler (2007), Seite 39 – 53.

2.2.1 Business Perspective

Der Bereich Business Perspective befasst sich mit der Sicherstellung der Unterstützung der Geschäftsprozesse durch IT-Services aus strategischer Sicht. Es soll eine gemeinsame Basis zwischen dem IT-Kunden und IT-Provider schaffen.

2.2.2 Planning to Implement Service Management

In diesem Bereich wird sich mit der Planung, Einführung und fortlaufenden Verbesserung der IT-Services beschäftigt. Es wird der Ist-Zustand analysiert und ein Soll-Zustand festgelegt.

2.2.3 Applications Management

Der Bereich Applications Management beschäftigt sich mit dem Lebenszyklus der eingesetzten Software. Dieser beinhaltet die Planung, Entwicklung, Test, Implementierung und Abschaltung der Software. Dadurch soll ein effektives und effizientes Management der eingesetzten Software sichergestellt werden.

2.2.4 ICT Infrastructure Management

In dem Bereich ICT Infrastructure Management werden alle Aspekte der IT Infrastruktur behandelt. Dies betrifft die Planung, Steuerung und Überwachung von z.B. Rechenzentrumsaktivitäten, aber auch dezentrale IT-Verfahren.

2.2.5 Security Management

Der Bereich Security Management befasst sich mit der Aufstellung eines Security-Plans und der Definition einer Security-Policy. Dadurch soll die Vertraulichkeit, Verfügbarkeit und Integrität der verarbeiteten Daten in der Organisation sichergestellt werden und somit ein hohes Maß an Datensicherheit gewährleistet werden. Dabei werden potentielle IT-Risiken analysiert und klassifiziert sowie entsprechende Schutzmaßnahmen und Abwehrszenarien geplant, getestet und eingeführt.

2.2.6 Service Support

Der Bereich Service Support umfasst die operativen Prozesse des IT-Providers. Zusammen mit dem Bereich Service Delivery bildet der Service Support das Zentrum des ITSM. Folgende Prozesse sind Teil des Service Support:

- Incident Management: Der Prozess dient zur raschen Wiederherstellung von IT-Services bei Störung. Dabei steht nicht die ursächliche Behebung der Störung im Vordergrund, sondern dem IT-Kunden durch z.B. Workarounds den IT-Service schnellstmöglich wieder zur Verfügung zu stellen.

- Problem Management: Die Aufgabe des Prozesses ist neben der Bereitstellung von nachhaltigen Lösungen für auftretende Störungen (reaktiv), die Analyse der IT-Infrastruktur um potentielle Störungsquellen vorzeitig zu identifizieren und zu beseitigen (proaktiv).

- Change Management: Der Change Management Prozess steuert sämtliche Änderungen, die im IT-Betrieb durchgeführt werden (z.B. Implementierung einer Lösung des Problem Management Prozesses). Jegliche Änderungen werden erfasst, getestet und dokumentiert.

- Configuration Management: Im Configuration Management werden sämtliche Daten und Informationen der gesamten IT-Landschaft gesammelt und zentral dokumentiert. Zu den dokumentierten Daten zählen eingesetzte Hard- und Software sowie Konfigurations- und Leistungsparameter. Die Daten werden in der Configuration Management Database (CMDB) gespeichert.

- Release Management. Die Aufgabe des Release Management
  Prozesses ist die geplante und konsolidierte Implementierung (Roll
  Out) von RFC (Request for Change).

Des Weiteren gehört der Service Desk in den Bereich Service Support. Er
beschreibt aber keinen Prozess, sondern ist eher als eine Funktion
anzusehen. Der Service Desk ist der sogenannte Single Point of Contact
(SPoC) und stellt für den IT-Kunden die zentrale Kontaktstelle für sämtliche
Probleme und Anfragen dar.

2.2.7 Service Delivery

Der Bereich Service Delivery befasst sich mit der Unterstützung und dem
Management der operativen ITSM-Prozesse. Die Hauptaufgabe der
Prozesse ist die Optimierung der Planungs- und Steuerungsaufgaben des IT-
Providers um eine kontinuierliche IT-Servicequalität zu gewährleisten und
ggf. Verbesserungspotential aufzudecken und zu realisieren. Folgende
Prozesse sind Bestandteil des Bereichs Service Delivery:

- Service Level Management: Der Service Level Management Prozess
  befasst sich mit dem Management der bestehenden
  Kundenanforderungen, der Abstimmung zukünftiger
  Kundenwünsche und der Überwachung der gelieferten IT-Services
  entsprechend der Kundenanforderung. Die Anforderungen werden
  im sogenannten Service Level Agreement (SLA) detailliert
  dokumentiert und vom IT-Kunden und IT-Provider unterschrieben.
  Die Erfüllung, der im SLA schriftlich fixierten
  Kundenanforderungen, wird über definierte Service Level
  überwacht. Dieser Prozess ist die zentrale Schnittstelle vom IT-
  Provider zum IT-Kunden.

- Availability Management: Das Ziel des Availability Management ist
  die optimale Verfügbarkeit der benötigten IT-Services. Die

Grundlage für die Tätigkeiten im Availability Management bildet das Service Level Agreement.

- Capacity Management: Der Prozess befasst sich mit den momentanen und zukünftigen Anforderungen von Kapazität und Leistung der benötigten Systeme. Diese müssen proaktiv gesteuert und überwacht werden, um den gewünschten Kundenanforderungen durchgängig entsprechen zu können.

- IT Service Continuity Management: Das IT Service Continuity Management beschäftigt sich mit der Notfallplanung für die Sicherstellung der gelieferten IT Services. Es steht die Kontinuität der geschäftskritischen IT-Services im Vordergrund.

- Financial Management: In diesem Prozess wird das Kostenmanagement der IT-Services behandelt. Das Ziel ist die gewünschten IT-Services kostengünstig zu liefern und die auftretenden Kosten für den IT-Kunden transparent darzustellen. Dadurch sollte beim IT-Kunden ein Kostenverständnis hergestellt werden.

2.3 COBIT 4.0

COBIT (Control Objectives for Information and Related Technology) ist ein international anerkanntes Framework für die Umsetzung von IT-Governance. Die IT-Governance verfolgt grundsätzlich folgende Zielsetzung: Ausrichtung der IT an Unternehmenszielen, Compliance[21] und deren Kontrolle, Kontrolle der Kosten und der verantwortungsvolle Umgang mit IT-Ressourcen.[22]

---

[21] Unter dem Begriff Compliance wird die Pflicht des Managements verstanden, die gesetzlichen und unternehmensinternen Regelungen einzuhalten, die für das Unternehmen gelten. Vgl hierzu Wecker (2009), Seite 35.

[22] Vgl. Gross (2008), Seite 18.

In COBIT werden spezielle Kontrollziele definiert, die zur Überwachung der erfolgreichen Umsetzung der IT-Prozesse verwendet werden.[23] Mit COBIT sollte ein IT-spezifisches Kontrollsystem entwickelt werden, welches eine bestmögliche Unterstützung der Geschäftsprozesse durch die IT unterstützt.[24]

COBIT definiert 318 Kontrollziele, denen 34 Kernprozesse zugeordnet sind. Diese Prozesse sind in 4 Domänen aufgeteilt (Abbildung 2-3). Um die Überwachung der IT-Prozesse zu unterstützen wurden die Kontrollziele um Messfaktoren ergänzt. Dazu gehören die sogenannten Critical Success Factors (CSF)[25], Key Goal Indicators (KGI)[26] und Key Performance Indicators (KPI).

---

[23] Vgl. Goltsche (2006), Seite 12.

[24] Vgl. Beims (2009), Seite 218

[25] Critical Success Factors (CSI) beschreiben Faktoren, die dazu beitragen, definierte Ziele zu erreichen. Vgl. hierzu Beims (2009), Seite 173

[26] Die Key Goal Indicators (KGI) sind Kennzahlen zum Messen des Outputs des jeweiligen IT-Prozesses in Bezug auf die Unterstützung der Zielerreichung. Vgl. hierzu Beims (2009), Seite 223

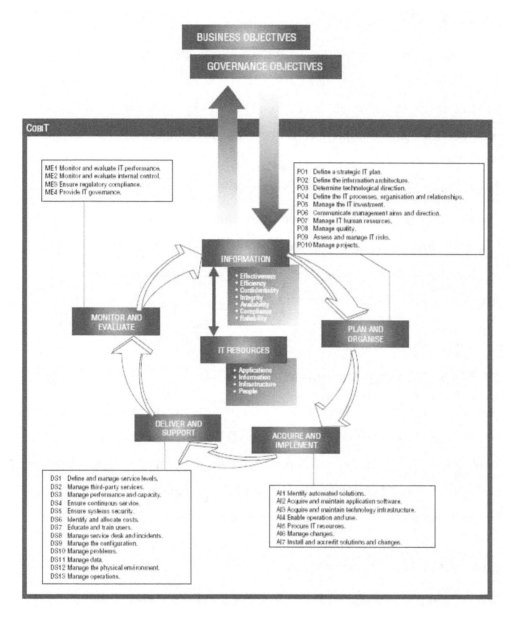

Abbildung 2-3: COBIT-IT-Prozesse und Domänen[27]

Die 4 COBIT-Domänen werden nachfolgend nach Beims[28] dargestellt.

---

[27] Vgl. Gross (2008), Seite 19

[28] Vgl. Beims (2009), Seite 220 - 221

2.3.1 PO (Planning and Organisation)

Die Planung und Organisation ist für die Entwicklung eines strategischen Vorgehens zur Erreichung der Geschäftsziele, unter dem bestmöglichen Einsatz der IT-Ressourcen, zuständig. Ziel ist die Etablierung einer geeigneten Organisations- und Informationsinfrastruktur.

2.3.2 AI (Acquisition and Implementation)

Die Beschaffung und Implementierung befasst sich mit der Umsetzung der vorher definierten IT-Ziele. Es umfasst die Entwicklung, Beschaffung und Implementierung der benötigten IT-Lösungen. Des Weiteren werden Änderungen im IT-Betrieb und die Aufrechterhaltung der IT-Services abgedeckt

2.3.3 DS (Delivery and Support)

Die Domäne Service-Erbringung und Unterstützung beinhaltet die Prozesse, welche einen effektiven und effizienten IT-Betrieb ermöglichen. Dabei werden auch Sicherheits- und Business Continuity-Themen adressiert. Für den erfolgreichen Betrieb der benötigten IT-Services müssen außerdem Unterstützungs- und Steuerungsprozesse aufgebaut werden.

2.3.4 ME (Monitor and Evaluate)

In der Domäne Überwachung und Bewertung werden die etablierten IT-Services regelmäßig auf das Erlangen der Kontrollziele geprüft.

2.4 Zusammenfassung

In diesem Kapitel wurden einige grundlegende Begriffe definiert und vorgestellt. Die Struktur und Inhalte der Best Practice Referenzmodelle ITIL v2 und COBIT 4.0 wurden dargestellt und sollen die Grundlage für die weitere Untersuchung bilden. Es wurde gezeigt, dass IT-Outsourcing einen großen Nutzen zum Unternehmenserfolg beitragen kann, aber dass die entstehenden Risiken bewusst berücksichtigt werden müssen. Eine entscheidende Aufgabe liegt in dem Management und der Steuerung der IT-Outsourcing-Beziehung und dessen Herausforderungen (Kapitel 3). Zudem konnte gezeigt werden, dass die Best Practice Frameworks ITIL und COBIT einen signifikanten Beitrag zum effizienten und effektiven Betrieb und zur Steuerung der Unternehmens-IT geben. Es erscheint sinnvoll zu prüfen, wie die Probleme und Herausforderungen resultierend aus komplexen IT-Outsourcing-Beziehungen, durch den Einsatz dieser Referenzmodelle kompensiert werden können (Kapitel 4).

3 Steuerung einer IT-Outsourcing-Beziehung

In diesem Kapitel soll dargestellt werden, dass die Steuerung einer IT-Outsourcing-Beziehung ein wesentlicher Erfolgsfaktor für die Realisierung der angestrebten Ziele des auslagernden Unternehmens durch IT-Outsourcing ist. Dabei werden die Herausforderungen und Probleme, mit denen ein auslagerndes Unternehmen in einer etablierten IT-Outsourcing-Beziehung konfrontiert ist, herausgearbeitet. Des Weiteren soll gezeigt werden, dass eine konsequent durchgesetzte IT-Sourcing-Governance einen Lösungsweg für das Erreichen der IT-Outsourcing-Strategie ist. Dafür werden die Anforderungen und Prozesse, die in der IT-Outsourcing-Governance benötigt werden, dargestellt.

In der Fachliteratur werden eine Vielzahl von Vorgehensweisen zur Entwicklung einer optimalen IT-Outsourcing-Strategie und der darauffolgenden Umsetzung der Auslagerung von IT-Leistungen erörtert. Die Durchführung eines IT-Outsourcing-Projekts und die dabei zu beachtenden Faktoren, wie z.B. Identifikation der auslagerbaren IT-Leistungen, Zielsetzung, Auswahl des richtigen Dienstleisters, Planung und Umsetzung des IT-Outsourcing-Projekts sowie die Migration auf den IT-Dienstleister, sind nicht Bestandteil der nachfolgenden Untersuchung. Es wird von einer bestehenden IT-Outsourcing-Beziehung mit einem oder mehreren IT-Dienstleistern ausgegangen.

3.1 Herausforderungen bei IT-Outsourcing-Beziehungen

Die IT-Abteilungen in Unternehmen sind einem anhaltenden Kostendruck ausgesetzt. Dieser Umstand trägt zur einer verstärkten Standardisierung und Automatisierung der IT-Leistungen bei. Diese Industrialisierung der IT, also die Entwicklung von IT-Leistungen zur „Commodity", führt zu einem intensiveren Nutzen von IT-Outsourcing.[29]

3.1.1 Opportunistisches Verhalten

Das Verhältnis zwischen auslagernden Unternehmen und IT-Dienstleister besitzt einen hohen Grad an Komplexität. Das wird beim strategischen Outsourcing durch die Dauerhaftigkeit der Beziehung bestimmt, aber auch die gegenseitige Abhängigkeit und der Leistungsumfang, tragen zu einem erhöhten Aufwand in der Steuerung der Beziehung bei. Aus Sicht des auslagernden Unternehmens trägt dies zu einer erhöhten Unsicherheit bei, welche im Laufe der Beziehung weiter zunimmt. Am Anfang der Geschäftsbeziehung zwischen dem auslagernden Unternehmen und dem IT-Dienstleister ist die Unsicherheit eher als gering einzuschätzen, da im Rahmen des Outsourcing-Projekts die Anforderungen der Fachbereiche klar definiert und vertraglich fixiert wurden. Bedingt durch den kurzen Lebenszyklus von IT-Technologien, werden sich die Anforderungen der Fachbereiche in der zukünftigen Entwicklung aber stetig ändern. Diese flexible Anpassung der Anforderungen ist ein gewünschtes Ziel der IT-Sourcing-Strategie, aber stellt für das auslagernde Unternehmen eine nachteilige Situation dar, weil die Prognosefähigkeit für die Zukunft abnimmt. Der IT-Dienstleister hat einen Erfahrungs- und Informationsvorsprung gegenüber dem auslagernden Unternehmen, womit es einen Vorteil bei zukünftigen Vertragsanpassungen aufgrund neuer Anforderungen an die IT besitzt.[30] Eine IT-Outsourcing-Beziehung stellt sozusagen eine Kernkompetenz des IT-Dienstleisters dar. Ein weiterer Nachteil für das auslagernde Unternehmen besteht in der Intransparenz der Leistungserstellung beim IT-Dienstleister. Der IT-Dienstleister könnte durch erzielte Prozessverbesserungen oder realisierte Skaleneffekte seine Gewinnmarge weiter steigern, aber ohne dies an das auslagernde

---

[29] Vgl. Schelp (2006), Seite 88

[30] Vgl. Schelp (2006), Seite 89

Unternehmen weiterzugeben. Andererseits kann es auch zu kontinuierlichen Verschlechterungen der Leistungsqualität kommen. Dieses opportunistische Verhalten des Dienstleisters wird mit den Begriffen „hidden actions" und „hold up" bezeichnet.[31]

3.1.2 Compliance

Unter dem Begriff Compliance wird die Einhaltung gesetzlicher, regulatorischer und interner Rahmenbedingungen bezeichnet. Das Ziel der Compliance ist die Sicherheit und das Risiko im Unternehmen und damit auch der IT zu optimieren.[32]

Aber auch internationale Gesetze können eine Relevanz für das Outsourcing haben. Der Sarbanes-Oxley-Act (SOX) ist ein Beispiel dafür. Er wurde im Jahre 2002 in den USA verabschiedet und gilt für alle Unternehmen, die bei der amerikanischen Securities and Exchange Commission (SEC) registriert sind. Das Gesetz fordert die Implementierung und kontinuierliche Überprüfung und Bewertung eines internen Kontrollsystems durch CEO und CFO.[33] Diese Anforderungen beziehen sich auch auf ausgelagerte Leistungen.

Darüber hinaus sind auslagernde Unternehmen noch von einer Vielzahl weiterer gesetzlicher Anforderungen betroffen. Eine weitere Darstellung dieser gesetzlichen Vorschriften würde über den Rahmen der Arbeit hinausgehen. Die Herausforderungen des auslagernden Unternehmens, bedingt durch den SOX, sollten exemplarisch darstellen, welche Auswirkung Compliance-Anforderungen auf eine IT-Outsourcing-Beziehung haben.

---

[31] Vgl. Schelp (2006), Seite 89

[32] Vgl. BITKOM (2006), Seite 13

33 Vgl. BITKOM (2006), Seite 28

3.2 Steuerung durch IT-Sourcing-Governance

Zur Steuerung einer IT-Outsourcing-Beziehung ist eine konsequent durchgesetzte IT-Sourcing-Governance notwendig. Dadurch können die Probleme und Herausforderungen der Steuerung des IT-Dienstleisters bewältigt werden. Die IT-Sourcing-Governance sollte sich aus der IT-Governance ableiten. Da die IT-Governance sowie die IT-Sourcing-Governance immer den spezifischen Anforderungen eines Unternehmens angepasst werden müssen, wird nachfolgend eine allgemein nutzbare Struktur der IT-Sourcing-Governance vorgestellt.

		Mechanismen der Outsourcing-Steuerung					
		Anforderungs-management	Vertrags-management	Kommunikations-management	Risiko-management	Performance-management	Verbesserungs-management
Kontext	Art der Leistungs-erbringung		●		●	●	
	Standort			●			●
	Gesetzliche Anforderungen		●		●		
	Technologie	●	●				
	Unterstützte Geschäfts-prozesse	●	●	●	●	●	●
	Interessens-gruppen	●		●		●	
	Gegebene Organisation				●		●
	Anzahl zu steuernder Dienstleister		●				

Abbildung 3-1: kontextuelle Einflüsse auf die Gestaltung der Outsourcing-Steuerungsmechanismen[34]

Diese wird in sechs Mechanismen zur Steuerung der IT-Outsourcing-Beziehung unterteilt und nachfolgend nach Würz und Blankenhorn vorgestellt.[35]

---

[34] Vgl. Würz (2010), Seite 44

35 Vgl. Würz (2010), Seite 42 - 47

3.2.1 Anforderungsmanagement

Das Anforderungsmanagement ist für die kontinuierliche Unterstützung der Geschäftsprozesse der Fachbereiche durch die IT zuständig. Das IT-Business-Alignment steht im Vordergrund. Hierbei muss sichergestellt werden, dass die gelieferten IT-Leistungen des IT-Dienstleisters in Qualität und Quantität immer den Anforderungen der Fachbereiche entsprechen. Der technische Änderungsbedarf wird bestimmt und an den IT-Dienstleister kommuniziert. Die benötigten Abstimmungen zwischen auslagernden Unternehmen und IT-Dienstleister werden vom Anforderungsmanagement zentral koordiniert. Die Anforderungen werden auf Grundlage der IT-Governance und Compliance bewertet und die technische Umsetzung des IT-Dienstleisters wird überprüft.

3.2.2 Vertragsmanagement

Das Vertragsmanagement ist für die intelligente Dokumentation und Ablage der Vertragsdokumente zuständig um dadurch eine verbesserte Bereitstellung der Inhalte und eine Reduktion der Informationsdichte zu erreichen. Besonders beim selektiven Outsourcing mit einer größeren Anzahl an IT-Dienstleistern ist eine hohe Komplexität der Vertragsstruktur gegeben. Des Weiteren werden die Change Requests zentral gesteuert und überwacht. Die monetäre Bewertung der geänderten IT-Leistungen der IT-Dienstleister wird ebenfalls bewertet und mit den Fachbereichen abgestimmt.

3.2.3 Kommunikationsmanagement

Das Kommunikationsmanagement ist für die Organisation der Gremien zwischen den IT-Dienstleistern und dem auslagernden Unternehmen zuständig. Hierbei sollten klare Verantwortlichkeiten und Eskalationswege definiert werden. Außerdem muss sichergestellt werden, dass die zuständigen Personen über genügend Kompetenzen und Know-how verfügen. In diesem Zusammenhang werden auch Mitarbeiterschulungen und –seminare durchgeführt, um diese auf die neuen Steuerungs- und

Koordinationsaufgaben vorzubereiten. Eine weitere Aufgabe sollte die Bereitstellung einer gemeinsamen Kommunikationsplattform zwischen dem auslagernden Unternehmen und den IT-Dienstleistern sein. Beim Kommunikationsmanagement steht der Aufbau eines Vertrauensverhältnisses, dass ein partnerschaftliches Arbeiten ermöglicht, im Vordergrund.

3.2.4 Risikomanagement

Beim Risikomanagement steht die klassische Risikoanalyse, -bewertung und –minimierung im Vordergrund. Des Weiteren wird die Einhaltung der Compliance-Anforderungen überwacht und Maßnahmen zu deren Umsetzung geplant und durchgeführt. In diesem Zusammenhang werden auch Anforderungen an die IT-Sicherheit- und das IT-Continuity-Management berücksichtigt.

3.2.5 Performancemanagement

Das Performancemanagement hat zur Aufgabe die IT-Sourcing-Ziele aus der IT-Sourcing-Strategie abzuleiten. Die IT-Sourcing-Strategie muss kontinuierlich an die geänderten Rahmenbedingungen des Unternehmens angepasst werden. Ein weiterer Aspekt ist die Kontrolle der IT-Sourcing-Ziele. Dafür werden Kennzahlensysteme definiert. Die Ergebnisse werden bewertet und ggf. Maßnahmen eingeleitet. Für die Fachbereiche und Prozessverantwortlichen werden die Ergebnisse durch Reportingverfahren aufbereitet. Die entwickelten Kennzahlensysteme werden ständig mit den IT-Sourcing-Zielen abgeglichen um eine stetige Kontrolle der Leistungsqualität zu erfüllen. Zusätzlich zur Überwachung der Service- und Leistungsqüalität wird die Kostenentwicklung und Wirtschaftlichkeit der IT-Leistungen kontrolliert.

3.2.6 Serviceverbesserung

Bei der Serviceverbesserung steht der kontinuierliche Verbesserungsprozess im Vordergrund. Die Verbesserungsideen und –vorschläge aus den anderen fünf Prozessen werden zentral gesammelt und deren Umsetzbarkeit geprüft. Die Einsparungspotentiale und/ oder Service- und Prozessoptimierungen werden quantifiziert. Danach werden positiv bewertete Verbesserungen umgesetzt.

3.3 Zusammenfassung

In diesem Kapitel wurden die Wichtigkeit der Steuerung der IT-Outsourcing-Beziehung und die Kontrolle der bezogenen Leistungen verdeutlicht. Ein probates Mittel, eine effektive und effiziente Steuerung kontinuierlich durchzusetzen, stellt die IT-Sourcing-Governance dar. Die dargestellten Herausforderungen und Risiken können durch die IT-Sourcing-Governance abgeschwächt oder sogar ganz vermieden werden. Die vorgestellten sechs Mechanismen bilden eine sinnvolle Grundlage zur Umsetzung einer IT-Sourcing-Governance. Die Vermeidung von opportunistischem Verhalten des IT-Dienstleisters wird durch die Reduzierung der Vertragskomplexität, bessere Aufbereitung der Inhalte und die monetäre Bewertung der Vertragsanpassung durch Marktvergleich und Benchmarks erreicht (Vertragsmanagement). Des Weiteren kann durch den stetigen Abgleich der IT-Sourcing-Strategie mit den IT-Sourcing-Zielen und deren Kontrolle durch Kennzahlensysteme eine kontinuierliche Leistungsqualität gewährleistet werden (Performancemanagement). Durch ein erfolgreiches Kommunikationsmanagement können gegenseitiges Misstrauen und ggf. entstehende Unsicherheiten abgebaut werden. Das IT-Business-Alignment wird durch die optimale Ausrichtung der bezogenen IT-Leistungen an die Anforderungen des Fachbereichs durchgesetzt (Anforderungsmanagement).

Die Problematik der Einhaltung von gesetzlichen, regulatorischen und internen Bestimmungen wird im Risikomanagement überwacht.

Ein kontinuierlicher Verbesserungsprozess identifiziert potentielle Optimierungsmöglichkeiten und führt zu einer weiteren Steigerung der

Leistungs- und Prozessqualität und/oder Senkung der Kosten. Die Umsetzung der vorgestellten Mechanismen der IT-Sourcing-Governance muss immer auf die Rahmenbedingungen des auslagernden Unternehmens ausgerichtet sein. In diesem Zusammenhang spielen die Organisationsstruktur, Größe des Unternehmens, aber auch die Unternehmenskultur eine große Rolle. Die vorgestellte Struktur der IT-Sourcing-Governance sollte als Grundlage für eine Anpassung an die Unternehmensvorrausetzungen gesehen werden.

4 Umsetzung einer IT-Sourcing-Governance durch ITIL und COBIT

Weiterführend wird in diesem Kapitel untersucht, wie die dargestellten Mechanismen der IT-Sourcing-Governance in der Umsetzung durch die Best Practice Referenzmodelle ITIL und COBIT unterstützt und kontrolliert werden können und wo Defizite auftreten.

4.1 ITIL v2

Die ITIL ist ein Best Practice Framework, das eine starke Kunden- und Serviceorientierung aufweist. Nachfolgend wird dargestellt, welche der in Kapitel 2 beschriebenen Funktionen und Prozesse aus dem ITIL Framework, die Umsetzung der vorgestellten sechs Mechanismen der IT-Sourcing-Governance unterstützt.

4.1.1 Anforderungsmanagement

In der ITIL ist das Service Level Management für Evaluierung der benötigten IT-Leistungen zur Unterstützung der Geschäftsprozesse zuständig.[36] Das Service Level Management bildet die Schnittstelle zwischen den Fachbereichen und dem IT-Dienstleister. Wenn sich durch neue Rahmenbedingungen oder neue Technologie die Anforderungen der Fachbereiche ändern, ist der Service Level Management Prozess für die Abstimmung und technische sowie fachliche Umsetzung zuständig. Eine weitere Unterstützung des Anforderungsmanagements kann durch das Erstellen eines Service-Katalogs realisiert werden. Er stellt eine Übersicht der erbrachten IT-Leistungen dar.[37]

Die Identifikation von möglichem technischen Änderungsbedarf kann durch das Capacity Management bereitgestellt werden. Es liefert wichtige

---

[36] Vgl. OGC (2001), Seite 29

[37] Vgl. OGC (2001), Seite 36

Informationen über den aktuellen und zukünftigen Bedarf an Ressourcen und Kapazitäten von IT-Systemen.[38] Dadurch kann technischer Änderungsbedarf frühzeitig beim IT-Dienstleister angefordert werden um somit einen effektiven und effizienten IT-Betrieb zu gewährleisten.

Der Bewertung der neuen Anforderung auf Basis der IT-Governance kann die ITIL nicht in gewünschter Weise genügen. In der ITIL wird beschrieben „was" getan werden muss, aber der konkrete Umsetzungsweg wird nur unzureichend beschrieben.[39] Daher wird die ITIL-Implementierung immer nach unternehmensspezifischen Gesichtspunkten erfolgen. In der IT-Governance wird eine klare Definition von Prozessen und Verantwortlichkeiten gefordert,[40] was die ITIL ohne individuelle Anpassung nicht leisten kann.

4.1.2 Vertragsmanagement

Zur Umsetzung der Aufgaben des Vertragsmanagements kann in der ITIL hauptsächlich auf den Service Level Management Prozess zurückgegriffen werden. Die vertraglich fixierten IT-Leistungen können durch das Service Level Management (SLM) in den Service Level Agreements (SLA) dokumentiert werden. Im SLA werden detaillierte Angaben zu Leistungsumfang, Servicezeiten, Verfügbarkeit, Support, usw. dokumentiert.[41] Des Weiteren kann das SLM auch bei vertraglichen Änderungen (Change Request) auf Grund neuer Anforderungen helfen. Die Evaluierung und Implementierung der neuen bezogenen IT-Leistungen (abgeleitet aus den neuen Anforderungen) sollte durch das Change Management unterstützt und kontrolliert werden.[42]

---

[38] Vgl. OGC (2001), Seite 135

[39] Vgl. Zarnekow (2005), Seite 61

[40] Vgl. Busch (2006), Seite 34

[41] Vgl. OGC (2006), Seite 50ff

[42] Vgl. OGC (2006), Seite 50

In der ITIL wird zwar beschrieben, wie Vertragsanpassungen auf Grund neuer Anforderungen der Fachbereiche oder geänderten Rahmenbedingungen zu planen und zu implementieren sind, aber Taktiken zur Vertragsverhandlung bzw. Methoden zur Durchsetzung von Forderungen, sowie rechtliche Aspekte bei Outsourcing-Verträgen, werden in der ITIL nicht behandelt.

4.1.3 Kommunikationsmanagement

Das Kommunikationsmanagement kann durch die ITIL nur unzureichend unterstützt werden. In der ITIL wird kein Organisationsmodell vorgestellt. Den Prozessen und Funktionen werden Rollen und Verantwortlichkeiten in Form von Prozess-Managern und Prozess-Ownern definiert.[43] Daraus lassen sich keine Organisationsstrukturen oder der mögliche Aufbau von Gremienstrukturen ableiten.

4.1.4 Risikomanagement

In der ITIL wird kein klassisches Risikomanagement dargestellt. Dennoch kann die Implementierung der Prozesse und Funktionen in der ITIL helfen bestimmte Risiken abzuschwächen. Das Ziel der ITIL und des IT Service Management ist ein reibungsloser Betrieb der IT und die optimale Unterstützung der Geschäftätigkeit. Dadurch können operative Risiken, wie z.B. Umsatzausfälle durch unzureichende oder nicht zur Verfügung stehende IT-Leistungen verhindert werden. Die operativen Risiken im IT-Outsourcing können durch die konsequente Umsetzung der Service Support Prozesse abgeschwächt werden. Ein Beispiel hierfür ist das Incident Management. Das Ziel des Incident Managements ist es sämtliche IT-Störungen schnellstmöglich zu beheben um somit einen kontinuierlichen IT-Betrieb zu gewährleisten.[44]

---

[43] Vgl. Schlösser (2008), Seite 62 - 65

[44] Vgl. OGC (2005), Seite 83

Die Prozesse und Funktionen aus dem Service Delivery Bereich können in diesem Zusammenhang auch eine wichtige Rolle spielen. Das IT Service Continuity Management stellt einen Prozess zur Etablierung von Notfallplänen für besonders geschäftskritische IT-Leistungen dar.[45] Weitere Beispiele sind der SLM-Prozess, der eine optimale Ausrichtung der IT-Leistungen an den Anforderungen der Geschäftsprozesse zum Ziel hat und das Financial Management, welches zur Kompensation finanzieller Risiken einen Beitrag liefern kann.

Im Security Management wird die Planung und Umsetzung eines Security Plan forciert. Dadurch soll die Vertraulichkeit, Integrität und Verfügbarkeit sichergestellt werden.

Darüber hinaus gehende Compliance-Anforderungen z.B. nach SOX oder internen Kontrollsystemen werden in ITIL nur unzureichend abgedeckt.[46]

4.1.5 Performancemanagement

Die Umsetzung des Performancemanagements kann durch den SLM-Prozess in der ITIL unterstützt werden. Durch Mess- und Reportingverfahren kann die Einhaltung der definierten IT-Leistungen kontrolliert werden (SLA-Reporting). Dadurch können vermeintliche Qualitätsminderungen der bezogenen IT-Leistungen identifiziert und Gegenmaßnahmen ergriffen werden. In der ITIL werden Kennzahlensysteme beschrieben, die einen Überblick über die erreichte Prozessqualität geben können. [47]

Zum Abgleich der IT-Sourcing-Ziele mit der IT-Sourcing-Strategie werden auch Finanzkennzahlen benötigt. Diese werden in der ITIL aber nicht beschrieben.[48]

---

[45] Vgl. OGC (2006), Seite 185

[46] Vgl. BITKOM (2005), Seite 40

[47] Vgl. Jahnes (2008), Seite 102

[48] Vgl. Jahnes (2008), Seite 104

4.1.6 Serviceverbesserung

Ein kontinuierlicher Verbesserungsprozess wird in der ITIL v2 nur rudimentär berücksichtigt (dieser wurde in die Neuerung von Version 3 integriert). Im SLM-Prozess sind einige Aktivitäten, die eine Serviceverbesserung zum Ziel haben, vorhanden (z.B. Service Improvement Plan).

4.2 COBIT 4.0

Das COBIT-Framework definiert 34 Prozesse zur erfolgreichen Umsetzung von IT-Governance. Jedem Prozess werden Kontrollziele zugeordnet. Diese Prozesse und Kontrollziele geben eher an, was gemacht werden muss und wie die Umsetzung kontrolliert werden kann. Das „wie" wird in COBIT nur rudimentär beschrieben. Nachfolgend wird untersucht, welche in COBIT definierten Prozesse die geforderten Aktivitäten aus den sechs vorgestellten Mechanismen der IT-Sourcing-Governance abbilden können.

Die Prozesse *DS2 Manage Third-party Services* und *ME4 Provide IT-Governance* besitzen Merkmale, die als Unterstützung für alle sechs Mechanismen der IT-Sourcing-Governance übergeordnet genutzt werden können. Der Prozess DS2 ist für die Identifizierung und Kategorisierung der Vertragspartner, das Dienstleister-Beziehungsmanagement, das Dienstleister-Risikomanagement und der Performanceüberwachung der Dienstleister zuständig.[49] Der Prozess AI5 ist für die Errichtung einer unternehmensweiten IT-Governance zuständig.[50]

4.2.1 Anforderungsmanagement

In COBIT befasst sich der Prozess *DS1 Define and Manage Service Levels* mit der Abstimmung neuer IT-Leistungen an die Anforderungen der Fachbereiche und der Erstellung eines Service-Katalogs. Dadurch wird die

---

[49] Vgl. ITGI (2005), Seite 118

[50] Vgl. ITGi (2005), Seite 183

Ausrichtung der IT-Leistungen an die Anforderungen der Geschäftsstrategie sichergestellt.[51]

In dem Prozess *AI1 Identify Automated Solutions* werden eine Analyse der Anforderungen und deren Umsetzung gefordert. Dies soll durch die Festlegung von technischen Anforderungen sowie Durchführung von Machbarkeitsstudien erreicht werden. Damit soll die Konzentration auf technisch realisierbare und kosteneffektive Lösungen gelegt werden.[52] Die Bewertung von neuen Anforderungen, auf Grund von geänderten Rahmenbedingungen, veränderter Geschäftsprozesse oder neuer verfügbarer Technologien, wird unterstützt.

Des Weiteren wird durch den Prozess *AI5 Procure IT Resources* eine mögliche Umsetzung für einen Beschaffungsprozess dargestellt. Dadurch kann die Beauftragung der neuen Anforderungen durch die Fachbereiche und die Bearbeitung der daraus resultierenden Change Requests verbessert werden.[53]

Zur Evaluierung der künftigen technischen Anforderungen kann der Prozess *DS3 Manage Performance and Capacity* unterstützend hinzugezogen werden.[54]

4.2.2 Vertragsmanagement

Das Vertragsmanagement kann in COBIT durch *AI5 Procure IT Resources* unterstützt werden. In diesem Zusammenhang geht es vor allem um die Vertragsverwaltung. Es werden Änderungen der Verträge betrachtet.[55]

---

[51] Vgl. ITGI (2005), Seite 113

[52] Vgl. ITGI (2005), Seite 79

[53] Vgl. ITGI (2005), Seite 97

[54] Vgl. ITGI (2005), Seite 121

[55] Vgl. ITGI (2005), Seite 98

Das Aufstellen eines SLA und die dort enthaltene Fixierung der vereinbarten IT-Leistungen werden im Prozess DS1 dargestellt.

Analog zur ITIL fehlen Taktiken zur Vertragsverhandlung und Methoden zur Durchsetzung von Forderungen, sowie rechtliche Aspekte bei Outsourcing-Verträgen.

4.2.3 Kommunikationsmanagement

COBIT stellt zu jedem Prozess im Framework ein RACI-Chart zur Verfügung. In diesem wird dargestellt, welche Funktion eine spezifische Rolle bei einer bestimmten Aktivität einnimmt. Dies kann zur Unterstützung der Besetzung der zu erstellenden Gremienstrukturen genutzt werden. Die RACI-Charts können Hilfestellung bei der Bestimmung von Eskalationswegen und Kommunikationswegen geben. Darüber hinaus konzentriert sich der Prozess *PO4 Define the IT Processes* auf die angemessene Aufstellung der Organisationseinheiten und –strukturen, sowie die Festlegung von Rollen und Verantwortlichkeiten.[56]

Der Prozess *DS7 Educate and Train Users* ist für die Planung und Organisation von Schulungen zuständig und kann unterstützend für die Vorbereitung der internen Mitarbeiter auf neue Steuerungsaufgaben in der IT-Outsourcing-Beziehung benutzt werden.

4.2.4 Risikomanagement

Bei den Aktivitäten des Risikomanagements bietet COBIT ein großes Spektrum an unterstützenden Prozessen und Verfahren an. Der Prozess *PO6 Communicate Management Aims and Direction* fordert eine Erstellung von IT-Richtlinien und deren Kommunikation im Unternehmen. Es soll ein

---

[56] Vgl. ITGI (2005), Seite 45

unternehmensweites Framework für IT-Risiken und interne Kontrollen etabliert werden.[57]

Die Entwicklung und konstante Anwendung eines Risikomanagement Frameworks, welches vollständig in den internen und externen Prozessen eingebettet ist, wird im Prozess *PO9 Assess and Manage IT-Risks* sichergestellt. Es werden Risikobewertungen durchgeführt und die daraus resultierenden Pläne zur Minimierung des Risikos werden erstellt und kommuniziert.[58]

Weitere Prozesse, die die Aktivitäten des Risikomanagements der IT-Sourcing-Governance unterstützen, sind *DS4 Ensure Continous Service*, *DS5 Ensure Systems Security, ME2 Monitor and Evaluate Internal Control* und *ME3 Ensure Regulatory Compliance.*

Die Entwicklung, Wartung und der Test von Kontinuitätsplänen wird beim Prozess DS4 behandelt.[59] Die Entwicklung und Implementierung von Sicherheitsanforderungen, -richtlinien und -standards wird durch den Prozess DS5 sichergestellt.[60]

Im Prozess ME2 ist die Etablierung eines internen Kontrollsystems gefordert. Dazu gehören die Evaluierung und Überwachung des IT-Kontrollframeworks.[61]

Der Prozess ME3 ist für die Überwachung der Einhaltung von Gesetzen und Vorschriften zuständig. Die Aufgaben des Prozess reichen von der Identifizierung der geltenden gesetzlichen und regulatorischen Anforderungen, der Bewertung der Auswirkungen auf das Unternehmen bis zur Überwachung der Einhaltung.[62]

---

[57] Vgl. ITGI (2005), Seite 55- 56

[58] Vgl. ITGI (2005), Seite 67

[59] Vgl. ITGI (2005), Seite 125

[60] Vgl. ITGI (2005), Seite 131

[61] Vgl. ITGI (2005), Seite 175

[62] Vgl. ITGI (2005), Seite 179

Die dargestellten Prozesse in COBIT decken die meisten Anforderungen des Risikomanagements ab. Die potentiellen Risiken werden identifiziert und gesteuert. COBIT gibt ein Vorgehen zur Umsetzung von IT-Notfallplänen und IT-Sicherheitsanforderungen vor. Das vorgestellte interne Kontrollsystem und die Überwachung von Compliance Anforderungen stellen eine Qualitätssicherung dar.

4.2.5 Performancemanagement

In COBIT wird die konkrete Messung und Überwachung der IT-Performance in einem eigenen Prozess abgebildet. Der Prozess *ME1 Monitor and Evaluate IT-Performance* hat zum Ziel einen wirksamen Überwachungsprozess im Unternehmen zu etablieren. Die Überwachung und Steuerung soll durch den Einsatz von geeigneten Kennzahlen realisiert werden. Das Ableiten der geeigneten Kennzahlen und deren Berichterstattung werden ebenfalls über diesen Prozess abgedeckt. Dies soll einen stetigen Abgleich der IT-Performance mit den vereinbarten Zielen sicherstellen.[63]

Das im Prozess *PO8 Manage Quality* geforderte Qualitätsmanagementsystem (QMS) hat ebenfalls zum Ziel die interne und externe Performance gegen definierte Qualitätsstandards und –praktiken zu prüfen.[64]

Darüber hinaus kann zur Kontrolle der gelieferten IT-Leistungen erneut auf den Prozess *DS1 Define and Manage Service Levels* zurückgegriffen werden. Dieser Prozess konzentriert sich, nach erfolgreicher Identifikation der Anforderungen der Fachbereiche und der Erstellung des SLA, auf die Überwachung der Einhaltung der definierten Service Level. Dafür wird ein Berichtswesen etabliert, welches die Informationen zur Auswertung aufbereitet und den Entscheidungsträgern zur Verfügung stellt.[65] Das

---

[63] Vgl .ITGI (2005), Seite 171

[64] Vgl. ITGI (2005), Seite 63

[65] Vgl. ITGI (2005), Seite 113

unterstützt den stetigen Abgleich der IT-Sourcing-Strategie mit den IT-Sourcing-Zielen.

Ein weiterer Prozess, der zusätzliche Informationen für das Performancemanagement liefert, ist der *DS3 Manage Performance and Capacity*. Er fokussiert auf die Überwachung der Systemperformance und – kapazitäten. Auch für diesen Prozess wird die Etablierung eines Berichtswesens gefordert.[66]

Zur Unterstützung des Performancemanagements in Bezug auf finanzielle Aspekte der IT-Leistungen, kann ergänzend der Prozess *PO5 Manage the IT Investment* hinzugezogen werden. Dieser Prozess ist für die Verbesserung der Kosteneffizienz der IT zuständig.[67]

4.2.6 Serviceverbesserung

In COBIT wird kein eigenständiger Prozess zur kontinuierlichen Serviceverbesserung bereitgestellt. Dafür ist die Identifikation und Umsetzung von Verbesserungspotential ein Teilaspekt von einigen COBIT-Prozessen. Der wesentliche Input für die kontinuierliche Verbesserung der IT-Leistungen kommt aus den Prozessen, die unter dem Performancemanagement beschrieben wurden.

Der Prozess *PO8 Manage Quality* fordert die Etablierung eines kontinuierlichen Verbesserungsprozesses in Bezug auf das Management der IT-Qualitätskontrolle.[68]

Des Weiteren wird im Prozess *ME2 Monitor and Evaluate Internal Control* ebenfalls die Identifizierung und Umsetzung von Verbesserungsmaßnahmen, resultierend aus dem Kontrollsystem, behandelt.[69]

---

[66] Vgl. ITGI (2005), Seite 121

[67] Vgl. ITGI (2005), Seite 51

[68] Vgl. ITGI (2005), Seite 63

[69] Vgl. ITGI (2005), Seite 175 - 176

Wie bereits beschrieben wurde, fordern viele Prozesse in COBIT die Durchführungen von Verbesserungsmaßnahmen. Die beiden vorgestellten Prozesse sollten exemplarisch dafür als Beispiel gelten.

4.3 Zusammenfassung

In diesem Kapitel wurde gezeigt, wie die Umsetzung der vorgestellten sechs Mechanismen der IT-Sourcing-Governance durch die Best Practice Referenzmodelle ITIL und COBIT unterstützt werden kann und in welchen Bereichen ITIL und COBIT Lücken aufweisen.

Aus der Sicht der ITIL werden die Anforderungen der sechs Mechanismen der IT-Sourcing-Governance nur unzureichend abgedeckt. Das Hauptwerkzeug zur Steuerung einer IT-Outsourcing-Beziehung bietet das Service Level Management und die Key Performance Indicators (KPI) der einzelnen Prozesse. Der Service Level Management Prozess stellt die kontinuierliche Anpassung der IT-Leistungen an die Anforderungen der Geschäftsprozesse der Fachbereiche sicher. Eine Fixierung der gelieferten IT-Leistungen in Quantität und Qualität kann durch das Erstellen eines SLAs realisiert werden. Über das Reporting der vereinbarten Service Level und gemessenen KPIs können die IT-Leistungen überwacht und bewertet werden. Die Service Delivery Prozesse generieren weitere Informationen, welche zur Dienstleistersteuerung genutzt werden können.

Die ITIL hat klare Defizite im Management von Risiken und der Einhaltung von Compliance-Anforderungen. Diese Bereiche werden in der ITIL nur rudimentär betrachtet. Die fehlenden Vorgaben für einen ganzheitlichen Verbesserungsprozess und die unzureichende Darstellung der Rollen und Verantwortlichkeiten in der IT-Organisation sind weitere Defizite bei der Unterstützung der Umsetzung einer IT-Sourcing-Governance.

COBIT bietet zur Umsetzung einer IT-Sourcing-Governance viele unterstützende Prozesse an. Die Implementierung eines internen Kontrollsystems, die beschriebenen Aspekte des Risikomanagements als auch die geforderte Umsetzung von Compliance- und

Sicherheitsanforderungen berücksichtigen viele Aspekte der IT-Sourcing-Governance. Für das Messen und Überwachen der Performance der IT-Leistungen werden in COBIT ebenfalls einige Prozesse abgebildet. Die Abbildung von Rollen und Verantwortlichkeiten in RACI-Charts, die für jeden Prozess dargestellt werden, bietet eine gute organisatorische Grundlage. Die unzureichenden Beschreibungen der Aktivitäten zur Umsetzung der Prozesse in COBIT können aber zu Unklarheiten führen.

5 Gemeinsamer Einsatz von ITIL und COBIT

In diesem Kapitel soll untersucht werden, in welchen Bereichen der vorgestellten sechs Mechanismen der IT-Sourcing-Governance, der gemeinsame Einsatz von ITIL und COBIT einen nachvollziehbaren Mehrwert bieten kann.

5.1 Mehrwert in der IT-Sourcing-Governance

Die Untersuchung des vorherigen Kapitels hat gezeigt, dass die Anforderungen einer IT-Sourcing-Governance durch den alleinigen Einsatz von ITIL oder COBIT nicht ausreichend abgedeckt werden. Nachfolgend wird geprüft, ob durch einen gemeinsamen Einsatz der beiden Best Practice Referenzmodelle die aufgezeigten Defizite kompensiert werden können. Dafür werden die Ergebnisse der vorangegangenen Untersuchung herangezogen.

5.1.1 Anforderungsmanagement

Es wurde gezeigt, dass sowohl in der ITIL und in COBIT ein Prozess zur Abstimmung zwischen den Anforderungen der Geschäftsbereiche und den gelieferten IT-Leistungen zur Verfügung gestellt wird. Beide Referenzmodelle fordern eine Ausrichtung der IT an den Bedürfnissen der Fachbereiche und die Erstellung eines Servicekatalogs. Besonders der ITIL wird eine starke Fokussierung auf die IT-Kunden bescheinigt. Dabei nimmt der SLM-Prozess die zentrale Rolle ein. Er dient als Schnittstelle zwischen dem IT-Dienstleister und Kunden (Fachbereiche). Die Beschreibung des Prozessablaufs und der Umsetzung werden in der ITIL weitaus detaillierter dargestellt als in COBIT. Auf der anderen Seite wird die Bewertung der Anforderungen nach IT-Governance- und Compliance-Aspekten in COBIT besser dargestellt. Das soll durch die Prozesse *ME4 Provide IT-Governance* und *ME3 Ensure Regulatory Compliance* sichergestellt werden. Die Forderung nach der Implementierung eines internen Kontrollsystem für IT-

Leistungen kann die geforderte Bewertung der Anforderung ebenfalls unterstützen (*ME2 Monitor and Evaluate Internal Controls*).

Im Anforderungsmanagement können durch den gemeinsamen Einsatz von ITIL und COBIT Synergieeffekte erzielt werden. Der ausgeprägtere Detaillierungsgrad der Beschreibung der Prozessumsetzung in Bezug auf das SLM biete Vorteile gegenüber COBIT. Andererseits kann COBIT durch die besseren Kontroll- und Überwachungsmechanismen eine IT-Governance bezogene Bewertung der Anforderungen besser genügen als die ITIL.

5.1.2 Vertragsmanagement

Das Management von Verträgen der IT-Dienstleister wird von beiden Frameworks unzureichend abgebildet. Beide Frameworks nutzen bei den Definitionen der IT-Leistungen das Service Level Agreement, aber ein taktisches Vorgehen bei Vertragsverhandlungen oder das Management von IT-Outsourcing-Beziehungen wird nicht oder nur ungenügend berücksichtigt. COBIT stellt einen Prozess zur Steuerung von externen Dienstleistern zur Verfügung, aber dieser deckt nur rudimentär die Komplexität des Vertragsmanagements ab.

Es gibt Ergänzungen zwischen den beiden Referenzmodellen, aber ein nachhaltiger Nutzen durch den kombinierten Einsatz wird in diesem Bereich nicht generiert.

5.1.3 Kommunikationsmanagement

Im Kommunikationsmanagement der IT-Sourcing-Governance werden beide Referenzmodelle ebenfalls an ihre Grenzen gebracht. Beide Referenzmodelle bieten Aktivitäten und Prozesse an, die die Etablierung einer Kommunikationsschnittstelle zum IT-Dienstleister unterstützen, z.B. bei der ITIL im SLM-Prozess und bei COBIT in den Prozessen DS2 Manage Third-party Services und PO4 Define the IT Processes, Organisation and Relationships, aber das Ableiten von Organisationsmodellen, welche die Komplexität einer IT-Outsourcing-

Beziehung ausreichend darstellen würde, wird in beiden Referenzmodellen nicht geboten. Der benötigte Aufbau von Gremienstrukturen und deren Besetzung mit bestimmten Rollen und Verantwortlichkeiten wird ebenfalls nicht in den Referenzmodellen abgebildet.

Der Themenbereich Mitarbeiterschulung und –weiterbildung wird in der ITIL nicht betrachtet. COBIT bietet für diesen Bereich einen Prozess, der unterstützend genutzt werden kann (DS7 Educate and Train Users).

5.1.4 Risikomanagement

Die Abbildung der Aktivitäten im Risikomanagement kann ausreichend durch COBIT realisiert werden. Hierfür bietet COBIT eine Palette von Prozessen. Während der Bereich in der ITIL nur marginal berücksichtigt wird, zeigt sich in diesem Bereich eine der Stärken von COBIT. COBIT definiert Prozesse für die Abbildung von Sicherheits-, Kontinuitäts- und Compliance-Anforderungen. Des Weiteren werden Prozesse für die Identifikation, Analyse und Kompensation von IT-Risiken dargestellt. Die Forderung zur Implementierung eines internen Kontrollsystems und Einhaltung der IT-Governance sind weitere Aspekte zur Unterstützung des Risikomanagements.

Da die ITIL die genannten Bereiche gar nicht oder nur unzureichend abdeckt (z.B. Security Management, Financial Management), ist der zusätzliche Einsatz von COBIT eine notwendige Ergänzung um die Anforderungen des Risikomanagements zu erfüllen.

5.1.5 Performancemanagement

Die Anforderungen des Performancemanagements werden durch beide Referenzmodelle ausreichend abgebildet. Trotzdem können durch den kombinierten Einsatz der beiden Best Practice Frameworks Synergieeffekte realisiert werden.

In der ITIL wird das Performancemanagement durch das SLA sichergestellt. Die definierten Service Level werden regelmäßig gemessen und berichtet.

Das ermöglicht einen ausreichenden Überblick über die IT-Leistungsqualität. Vorraussetzung hierfür ist die Auswahl der richtigen Service Level, sowie eine vollständige Dokumentation des Leistungsumfangs. Des Weiteren bieten, die in der ITIL definierten KPIs, eine gute Grundlage zur Messung der Prozessqualität.

COBIT stellt eine Vielzahl von Prozessen zur Verfügung, welche einen Abgleich der erbrachten Performance mit den IT-Sourcing-Zielen und der IT-Sourcing-Strategie ermöglichen. Darüber hinaus definiert COBIT KPIs und KGIs für jegliche Prozesse. Dadurch werden die Messung der Prozessperformance und das Erreichen des Prozessziels ermöglicht.

Obwohl es sinnvolle Ergänzungen zwischen COBIT und ITIL im Bereich Performancemanagement gibt, werden keine wirklichen Finanzkennzahlen zur Verfügung gestellt. Da die Steuerung der finanziellen Dimension beim IT-Outsourcing und auch sämtlichen anderen Bereichen im Unternehmen eine hohe Bedeutung hat, ist dies als klares Defizit der beiden Referenzmodelle zu nennen.

5.1.6 Serviceverbesserung

Der Bereich Serviceverbesserung wird von der ITIL nur marginal behandelt.

In COBIT wird die Serviceverbesserung ebenfalls nicht ausreichend abgebildet, aber es gibt deutlich mehr Aktivitäten als in der ITIL.

Somit kann COBIT bei der Serviceverbesserung wichtige Ergänzungen zu der ITIL liefern, aber auch diese sind für einen effektiven kontinuierlichen Verbesserungsprozess nicht ausreichend.

5.2 Zusammenfassung

In diesem Kapitel wurde gezeigt, dass durch den kombinierten Einsatz der Referenzmodelle COBIT und ITIL bei der Umsetzung einer IT-Sourcing-Governance eine Reihe von Synergieeffekten erzielt werden kann. Die ITIL beschreibt die benötigen Prozesse für den IT-Betrieb in einem höheren Detaillierungsgrad, was eine erfolgreiche Umsetzung fördert.

COBIT liefert die Überwachungs – und Kontrollprozesse. Darüber hinaus können mit dem zusätzlichen Einsatz von COBIT wertvolle Ergänzungen in Bezug auf Compliance-, Sicherheits- und Kontinuitätsanforderungen realisiert werden.

Aber auch durch den gemeinsamen Einsatz der Referenzmodelle lassen sich nicht alle Anforderungen der IT-Sourcing-Governance zufriedenstellend umsetzen. Eine Schwachstelle beider Modelle liegt in der unzureichenden Berücksichtigung von Finanzkennzahlen. Des Weiteren können die Anforderungen des Vertragsmanagements und des Kommunikationsmanagements, bezüglich des Vertragsrechts oder der richtigen Umsetzung von Vertragsverhandlungen sowie die Besetzung von benötigten Gremienstrukturen zwischen dem IT-Dienstleister und dem auslagernden Unternehmen, nicht entsprochen werden.

6 Fazit

Zu Beginn der Arbeit wurden die Herausforderungen und Risiken einer IT-Outsourcing-Beziehung dargestellt. Die effektive Steuerung einer IT-Outsourcing-Beziehung wurde als ein kritischer Erfolgsfaktor zur Umsetzung der forcierten IT-Sourcing-Strategie identifiziert. Ein Outsourcing-Projekts stellt eine sehr komplexe Situation für ein Unternehmen dar. Bei der Initialisierung eines Outsourcing-Projekt besteht die Gefahr die Transaktionskosten falsch einzuschätzen, vor allem in Bezug auf den entstehenden Steuerungsaufwand. Mit steigender Komplexität der IT-Outsourcing-Beziehung können diese Kosten die geplanten Einsparungsziele gefährden. Es gilt das optimale Verhältnis zwischen dem zu akzeptierenden Risiko und den Kosten zur Risikoreduktion durch adäquate Steuerungsmechanismen zu finden.

Das vorgestellte Modell der IT-Sourcing-Governance enthält sinnvolle und nützliche Aspekte, die die effektive Steuerung einer IT-Outsourcing-Beziehung gewährleisten können. Somit kann die Behauptung bestätigt werden, dass eine konsequent umgesetzte IT-Sourcing-Governance die Herausforderungen einer IT-Outsourcing-Beziehung abbilden kann. Der Schlüsselfaktor liegt aber in der Anpassung der geforderten Aktivitäten der IT-Sourcing-Governance an die spezifischen Gegebenheiten eines Unternehmens und die bestehenden IT-Outsourcing-Situation.

Im weiteren Verlauf wurde betrachtet, inwieweit die Anforderungen der IT-Sourcing-Governance für eine effektive Steuerung einer IT-Outsourcing-Beziehung durch die Referenzmodelle ITIL und COBIT abgebildet werden und welche Bereiche aus den beiden Referenzmodellen eine Umsetzung unterstützen können. Die Untersuchung kam zum Ergebnis, dass die Anforderungen bei einer getrennten Betrachtung der Referenzmodelle nur unzureichend umgesetzt werden können. Aus Sicht der ITIL kann durch das Service Level Management und die Key Performance Indicators (KPI) die Aspekte des Anforderungsmanagements und Performancemanagements der

IT-Sourcing-Governance gut abgebildet werden, aber besonders bei Compliance und Management der Risiken der IT-Outsourcing-Beziehung sind klare Defizite erkennbar. Die Anforderungen der Bereiche Vertragsmanagement, Risikomanagement, Kommunikationsmanagement und Serviceverbesserung werden nur unzureichend oder gar nicht berücksichtigt.

COBIT kann vor allem die Bereiche Risikomanagement und Performancemanagement abbilden. Hier liegen die Stärken von COBIT. Das Vertragsmanagement und das Kommunikationsmanagement werden analog zu der ITIL unzureichend abgebildet.

Die Arbeit schließt mit der Untersuchung eines gemeinsamen Einsatzes der beiden Referenzmodelle COBIT und ITIL ab. Dabei wurde überprüft, ob sich ein zusätzlicher Nutzen aus einem kombinierten Einsatz generieren lässt. Es wurde festgestellt, dass eine Reihe von Synergieeffekten erzielt werden kann. Die ITIL beschreibt die benötigten Prozesse für den IT-Betrieb in einem höheren Detaillierungsgrad, was eine erfolgreiche Umsetzung fördert. Dies wird besonders bei der Umsetzung der Ableitung der benötigten IT-Leistungen aus den Anforderungen der Fachbereiche sichtbar. Der in ITIL vorhandene SLM-Prozess ist weitaus detaillierter beschrieben als das Pondon in COBIT (*DS1 Define and Manage Service Levels*). COBIT liefert die Überwachungs – und Kontrollprozesse, die wertvolle Ergänzungen in Bezug auf Compliance-, Sicherheits- und Kontinuitätsanforderungen darstellen. Auch beim Performancemanagement können wichtige Ergänzungen realisiert werden.

Aber auch bei einem kombinierten Einsatz der Referenzmodelle bleiben die Bereiche Kommunikations- und Vertragsmanagement unzureichend abgedeckt. Eine weitere Schwachstelle liegt in der unzureichenden Berücksichtigung von Finanzkennzahlen.

Die Industrialisierung der IT wird weiter zunehmen. Daraus resultierend wird die Auslagerung dieser hoch standardisierten IT-Leistungen eine immer größere strategische Bedeutung bekommen. Somit wird auch die Notwendigkeit einer effizienten Steuerung von IT-Outsourcing-Beziehung weiter zunehmen.

Literaturverzeichnis

Beims, M., IT Service Management in der Praxis mit ITIL 3 Zielfindung, Methoden, Realisierung, München 2009.

BITKOM – Projektgruppe „Compliance in IT-Outsourcing-Projekten" im Arbeitskreis Outsourcing, Compliance in IT-Outsourcing-Projekten LEITFADEN zur Umsetzung rechtlicher Rahmenbedingungen, BITKOM Bundesverband Informationswirtschaft, Telekommunikation und neue Medien e.V., 2006, Online im Internet: http://www.bitkom.org
Letzte Abfrage: 09.09.2010

Busch, J., Heck, R., Effektive Governance durch Zentralisierung oder Auslagerung von IT-Services, In: HMD – Praxis der Wirtschaftsinformatik, Heft 250, 2006.

Goltsche, W., COBIT kompakt und verständlich: Der Standard zur IT-Governance – so gewinnen Sie Kontrolle über Ihre IT – so steuern Sie Ihre IT und erreichen Ihr Ziel, 1. Aufl., Wiesbaden 2006.

Gross, J., Die „Best Practice"-Standards COBIT und ITIL: Überblick, In: itSMF und ISACA (Hrsg.), ITIL-COBIT-Mapping Gemeinsamkeiten und Unterschiede der IT-Standards, 1. Aufl., Düsseldorf 2008.

Hollekamp, M., Strategisches Outsourcing von Geschäftsprozessen Eine empirische Analyse der Wirkungszusammenhänge und der Erfolgswirkungen von Outsourcingprojekten am Beispiel von Großunternehmen in Deutschland, In: Zerres, M. (Hrsg.), Hamburger Schriften zur Marketingforschung, Band 29, 1. Aufl., München 2005.

ITGI (IT Governance Institute), Cobit 4.0 Deutsche Ausgabe, 2005, Online im Internet: http://www.isaca.ch
Letzte Abfrage: 23.09.2010

Jahnes, B., Der Einsatz von Key-Performance-Indikatoren in der IT, In: itSMF und ISACA (Hrsg.), ITIL-COBIT-Mapping Gemeinsamkeiten und Unterschiede der IT-Standards, 1. Aufl., Düsseldorf 2008.

Johannsen, W., Goeken, M., IT-Governance – neue Aufgaben des IT-Managements, In: HMD – Praxis der Wirtschaftsinformatik, Heft 250, 2006.

Köhler, P. T., ITIL: das IT-Servicemanagement Framework, 2. Aufl., Berlin Heidelberg 2007.

Küchler, P., TEIL 1 Technische und wirtschaftliche Grundlagen, In: Bräutigam, P. (Hrsg.), IT-Outsourcing – Eine Darstellung aus rechtlicher, technischer, wirtschaftlicher und vertraglicher Sicht, 2. Aufl., Berlin 2009.

Materna GmbH, Executive Survey 2009: Status Quo im IT Service Management Ergebnisbericht, Materna GmbH, 2009. Online im Internet: http://www.materna.de
Letzte Abfrage: 20.09.2010

OGC (Office of Government Commerce), ITIL Service Delivery, Norwich 2006.

OGC (Office of Government Commerce), ITIL Service Support, Norwich 2005.

Olbrich, A., ITIL kompakt und verständlich. Effizientes IT Service Management – Den Standard für IT-Prozesse kennenlernen, verstehen und erfolgreich in der Praxis umsetzen, 4. Aufl., Wiesbaden 2008.

Schelp, J., Schmitz, O., Schulz, J., Stutz, M., Governance des IT-Sourcing bei einem Finanzdienstleister, In: HMD – Praxis der Wirtschaftsinformatik, Heft 250, 2006.

Schlösser, J., Meyer-Trümpener, A., Gross, J., COBIT und ITIL: Rollen und Verantwortlichkeiten im Vergleich, In: itSMF und ISACA (Hrsg.), ITIL-COBIT-Mapping Gemeinsamkeiten und Unterschiede der IT-Standards, 1. Aufl., Düsseldorf 2008.

Schwarz, G., Outsourcing: Eine Einführung, In: Hermes, H.-J., Schwarz, G. (Hrsg.), Outsourcing Chancen und Risiken, Erfolgsfaktoren, rechtssichere Unterstützung, München 2005.

Schwarze, L., Müller, P. P., IT-Outsourcing – Erfahrungen, Status und zukünftige Herausforderungen, In: HMD – Praxis der Wirtschaftsinformatik, Heft 245, 2005.

Walter, S. M., Böhmann, T., Krcmar, H., Industrialisierung der IT – Grundlagen, Merkmale und Ausprägungen eines Trends, In: HMD – Praxis der Wirtschaftsinformatik, Heft 256, 2007.

Wecker, G., van Laak, H., Compliance in der Unternehmerpraxis, 2. Aufl., Wiesbaden 2009.

Würz, T., Blankenhorn, H., IT-Outsourcing erfolgreich umsetzen: Modell einer integrierten Steuerung, In: IM Information Management & Consulting, Heft 01/2010.

Zarnekow, R., Brenner, W., Pilgram, U., Integriertes Informationsmanagement – Strategien und Lösungen für das Management von IT-Dienstleistungen, Berlin Heidelberg 2005.

Abbildungsverzeichnis

Abkürzungsverzeichnis

BPO	Business Process Outsourcing
CEO	Chief Executive Officer
CFO	Chief Financial Officer
CIO	Central Information Officer
CMDB	Configuration Management Database
COBIT	Control Objectives for Information and Related Technology
CSF	Critical Success Factor
IT	Information Technology
ITIL	Information Technology Infrastructure Library
ITSM	Information Technology Service Management
KGI	Key Goal Indicator
KPI	Key Performance Indicator
QMS	Qualitätsmanagementsystem
RACI	Responsible, Accountable, Consulted and Informed
SEC	Securities and Exchange Commission
SLA	Service Level Agreement
SLM	Service Level Management
SOX	Sarbanes-Oxley-Act

www.ingramcontent.com/pod-product-compliance
Lightning Source LLC
LaVergne TN
LVHW082348060326
832902LV00017B/2721